The Parrot And Other Stories: Bilingual German-English Stories for Kids

Pomme Bilingual

Published by Pomme Bilingual, 2024.

While every precaution has been taken in the preparation of this book, the publisher assumes no responsibility for errors or omissions, or for damages resulting from the use of the information contained herein.

THE PARROT AND OTHER STORIES: BILINGUAL GERMAN-ENGLISH STORIES FOR KIDS

First edition. July 7, 2024.

ISBN: 979-8227450517

Written by Pomme Bilingual.

Table of Contents

Die unglaublichen Abenteuer des tapferen Timmy

Timmy war ein ganz normaler Junge, der in einer kleinen Stadt namens Knusperhausen lebte. Jeden Tag ging er zur Schule, spielte mit seinen Freunden und half seiner Mutter im Haushalt. Doch eines Tages änderte sich alles, als er in einem alten Buchladen ein mysteriöses Buch fand.

Das Buch war verstaubt und alt, und auf dem Umschlag stand in goldenen Buchstaben: „Die geheimnisvolle Welt von Morgana". Timmy konnte nicht widerstehen und öffnete es. Kaum hatte er die erste Seite aufgeschlagen, wurde er von einem magischen Licht umhüllt und fand sich plötzlich in einer anderen Welt wieder.

Diese Welt war wie aus einem Märchen. Es gab fliegende Drachen, sprechende Bäume und Häuser aus Schokolade. Doch die Bewohner dieser Welt waren in großer Not. Eine böse Hexe namens Morgana hatte das Königreich verflucht und wollte alle Freude und Farben aus der Welt stehlen.

Mutig wie er war, beschloss Timmy, den Bewohnern zu helfen. Zusammen mit einem sprechenden Eichhörnchen namens Nussknacker und einer mutigen Prinzessin namens Lilia machte er sich auf den Weg, um Morgana zu besiegen. Sie reisten durch dunkle Wälder, über hohe Berge und durch gefährliche Sümpfe. Überall lauerten Gefahren, aber Timmy ließ sich nicht einschüchtern.

Eines Nachts, als sie in einer Höhle Schutz suchten, erzählte Nussknacker die Legende des magischen Schwertes, das tief im verzauberten See verborgen war. Nur der tapferste Krieger konnte es finden und Morgana besiegen. Timmy wusste, dass er es versuchen musste. Am nächsten Morgen machten sie sich auf den Weg zum verzauberten See.

Der Weg dorthin war beschwerlich und voller Hindernisse, aber Timmy gab nicht auf. Schließlich erreichten sie den See. Timmy tauchte ins kalte Wasser und schwamm tiefer und tiefer, bis er das glänzende Schwert fand. Als er es herauszog, fühlte er eine unglaubliche Kraft in sich.

Mit dem magischen Schwert in der Hand kehrten sie ins Königreich zurück. Morgana lachte, als sie Timmy sah, doch ihr Lachen verstummte, als sie das Schwert erblickte. Ein gewaltiger Kampf entbrannte, und Timmy nutzte all seine Kraft und seinen Mut. Schließlich besiegte er die böse Hexe, und das Königreich erstrahlte in neuem Glanz.

Die Bewohner feierten Timmy als Helden. Doch Timmy wusste, dass er nach Hause zurückkehren musste. Mit einem schweren Herzen verabschiedete er sich von seinen neuen Freunden und öffnete das magische Buch erneut. Ein helles Licht umhüllte ihn, und er fand sich wieder in dem alten Buchladen in Knusperhausen.

Timmy lächelte. Er wusste, dass er nie wieder ein normaler Junge sein würde. Denn er hatte gelernt, dass jeder ein Held sein kann, wenn er nur mutig genug ist. Und wer weiß, vielleicht wartete das nächste Abenteuer schon um die Ecke.

The Incredible Adventures of Brave Timmy

Timmy was an ordinary boy living in a small town called Crumbleton. Every day, he went to school, played with his friends, and helped his mother with chores. But one day, everything changed when he found a mysterious book in an old bookstore.

The book was dusty and old, with golden letters on the cover: "The Enigmatic World of Morgana." Timmy couldn't resist and opened it. As soon as he turned the first page, he was enveloped by a magical light and suddenly found himself in another world.

This world was like a fairy tale. There were flying dragons, talking trees, and houses made of chocolate. But the inhabitants of this world were in great distress. An evil witch named Morgana had cursed the kingdom and wanted to steal all the joy and colors from the world.

Brave as he was, Timmy decided to help the inhabitants. Together with a talking squirrel named Nutcracker and a courageous princess named Lilia, he set out to defeat Morgana. They traveled through dark forests, over high mountains, and through dangerous swamps. Dangers lurked everywhere, but Timmy was not intimidated.

One night, while seeking shelter in a cave, Nutcracker told the legend of the magical sword hidden deep in the enchanted lake.

Only the bravest warrior could find it and defeat Morgana. Timmy knew he had to try. The next morning, they set off for the enchanted lake.

The journey was arduous and full of obstacles, but Timmy did not give up. Finally, they reached the lake. Timmy dove into the cold water and swam deeper and deeper until he found the gleaming sword. As he pulled it out, he felt an incredible power within him.

With the magical sword in hand, they returned to the kingdom. Morgana laughed when she saw Timmy, but her laughter stopped when she saw the sword. A fierce battle ensued, and Timmy used all his strength and courage. Finally, he defeated the evil witch, and the kingdom shone with new splendor.

The inhabitants celebrated Timmy as a hero. But Timmy knew he had to return home. With a heavy heart, he said goodbye to his new friends and opened the magical book again. A bright light enveloped him, and he found himself back in the old bookstore in Crumbleton.

Timmy smiled. He knew he would never be an ordinary boy again. Because he had learned that anyone can be a hero if they are brave enough. And who knows, maybe the next adventure was just around the corner.

Flummi und die geheimnisvolle Zauberblume

Es war einmal ein kleiner Junge namens Flummi. Er lebte in einer kleinen Stadt namens Wundershausen, die von duftenden Blumen und grünen Wiesen umgeben war. Flummi hatte ein besonderes Talent: Er konnte höher springen als jedes andere Kind. Deshalb nannten ihn alle „Flummi", wie den hüpfenden Gummiball. Er liebte es, mit seinen Freunden im Park zu spielen und neue Abenteuer zu erleben.

Eines sonnigen Nachmittags beschloss Flummi, einen neuen Weg durch den Wald hinter seinem Haus zu erkunden. Er sprang und hüpfte durch die hohen Bäume, als er plötzlich auf eine kleine Lichtung stieß. In der Mitte der Lichtung stand eine einzige, außergewöhnliche Blume. Sie leuchtete in allen Farben des Regenbogens und verströmte einen betörenden Duft.

Flummi war fasziniert und näherte sich der Blume. Als er sie berührte, begann sie zu sprechen! „Hallo, Flummi", sagte die Blume mit einer sanften Stimme. „Ich bin die Zauberblume Flora. Ich habe auf jemanden wie dich gewartet."

Flummi war erstaunt und fragte: „Warum hast du auf mich gewartet?"

Flora erzählte ihm von einem alten Fluch, der auf Wundershausen lag. Eine böse Hexe namens Griselda hatte die Stadt vor langer Zeit verflucht und die Farben und Freude gestohlen. Flora war die letzte Hoffnung für Wundershausen, aber sie brauchte die Hilfe eines mutigen Jungen, um den Fluch zu brechen.

„Was muss ich tun?", fragte Flummi entschlossen.

„Du musst die vier magischen Edelsteine finden, die Griselda in den vier Ecken der Stadt versteckt hat", erklärte Flora. „Nur dann kann der Fluch gebrochen werden."

Flummi nickte und machte sich sofort auf den Weg. Sein erstes Ziel war der alte Uhrturm im Norden der Stadt. Der Turm war alt und zerfallen, und viele hatten ihn als unheimlich empfunden. Doch Flummi ließ sich nicht einschüchtern. Er sprang die kaputten Treppen hoch und fand den ersten Edelstein, einen funkelnden Rubin, versteckt in einer alten Uhr.

Der nächste Edelstein, ein strahlender Saphir, war im tiefen Wald im Osten versteckt. Flummi kämpfte sich durch dichtes Gestrüpp und stieß schließlich auf eine Höhle, in der der Edelstein verborgen war. Er nahm ihn und setzte seinen Weg fort.

Im Süden der Stadt, auf einem hohen Berg, fand er den dritten Edelstein, einen glänzenden Smaragd. Der Aufstieg war anstrengend, aber Flummi gab nicht auf. Der letzte Edelstein, ein schimmernder Diamant, lag tief unter der Stadt in einer alten Mine. Flummi musste mutig und geschickt sein, um die Gefahren zu überwinden und den Diamanten zu erreichen.

Mit den vier Edelsteinen in der Hand kehrte Flummi zur Lichtung zurück. Flora strahlte vor Freude, als sie ihn sah. „Du hast es geschafft, Flummi!", rief sie. „Jetzt können wir den Fluch brechen."

Flora vereinte die Edelsteine, und ein helles Licht erfüllte die Lichtung. Die Farben kehrten nach Wundershausen zurück, und die Freude der Bewohner wurde wiederhergestellt. Griselda war besiegt, und die Stadt erstrahlte in neuem Glanz.

Die Bewohner von Wundershausen feierten Flummi als Helden. Er hatte gezeigt, dass Mut und Entschlossenheit alles überwinden können. Flora bedankte sich bei ihm und verschwand, doch Flummi wusste, dass sie immer in seinen Erinnerungen bleiben würde.

Von diesem Tag an lebte Flummi ein glückliches Leben, immer bereit für das nächste Abenteuer. Er hatte gelernt, dass selbst die kleinsten Helden Großes vollbringen können, wenn sie nur an sich glauben.

Flummi and the Mysterious Magic Flower

Once upon a time, there was a little boy named Flummi. He lived in a small town called Wonderville, surrounded by fragrant flowers and green meadows. Flummi had a special talent: he could jump higher than any other kid. That's why everyone called him "Flummi," like the bouncing rubber ball. He loved playing in the park with his friends and going on new adventures.

One sunny afternoon, Flummi decided to explore a new path through the forest behind his house. He jumped and bounced through the tall trees until he stumbled upon a small clearing. In the center of the clearing stood a single, extraordinary flower. It glowed in all the colors of the rainbow and emitted an enchanting fragrance.

Flummi was fascinated and approached the flower. When he touched it, it began to speak! "Hello, Flummi," said the flower in a gentle voice. "I am the magic flower Flora. I've been waiting for someone like you."

Flummi was astonished and asked, "Why have you been waiting for me?"

Flora told him about an ancient curse that lay upon Wonderville. An evil witch named Griselda had cursed the town long ago and stolen the colors and joy. Flora was the last hope for Wonderville, but she needed the help of a brave boy to break the curse.

"What do I need to do?" Flummi asked determinedly.

"You must find the four magic gems that Griselda has hidden in the four corners of the town," Flora explained. "Only then can the curse be broken."

Flummi nodded and set off immediately. His first destination was the old clock tower in the north of the town. The tower was old and dilapidated, and many had found it creepy. But Flummi was not intimidated. He jumped up the broken stairs and found the first gem, a sparkling ruby, hidden in an old clock.

The next gem, a radiant sapphire, was hidden in the deep forest to the east. Flummi fought his way through dense undergrowth and finally found a cave where the gem was hidden. He took it and continued on his way.

In the south of the town, on a high mountain, he found the third gem, a shiny emerald. The climb was exhausting, but Flummi did not give up. The last gem, a shimmering diamond, lay deep beneath the town in an old mine. Flummi had to be brave and skillful to overcome the dangers and reach the diamond.

With the four gems in hand, Flummi returned to the clearing. Flora beamed with joy when she saw him. "You did it, Flummi!" she exclaimed. "Now we can break the curse."

Flora united the gems, and a bright light filled the clearing. The colors returned to Wonderville, and the joy of the residents was restored. Griselda was defeated, and the town shone with new splendor.

The residents of Wonderville celebrated Flummi as a hero. He had shown that courage and determination can overcome anything. Flora thanked him and disappeared, but Flummi knew she would always remain in his memories.

From that day on, Flummi lived a happy life, always ready for the next adventure. He had learned that even the smallest heroes can achieve great things if they only believe in themselves.

Leo und das magische Labyrinth

Leo war ein ganz gewöhnlicher Junge, der in einer etwas unauffälligen Stadt namens Kleinburg lebte. Mit seinen strubbeligen braunen Haaren und einer Vorliebe für Streiche war Leo immer auf der Suche nach Abenteuern. Doch nichts hätte ihn auf das vorbereitet, was ihm eines Tages widerfahren sollte.

Es begann alles an einem sonnigen Samstagmorgen. Leo saß gelangweilt in seinem Zimmer und blätterte durch ein altes Buch, das er auf dem Dachboden gefunden hatte. Plötzlich fiel ihm ein vergilbtes Stück Papier heraus, das eine alte Karte zeigte. Die Karte führte zu einem Ort, der in Kleinburg völlig unbekannt war: dem geheimnisvollen Labyrinth von Lumenia.

Neugierig und aufgeregt packte Leo seinen Rucksack mit allem, was er für ein Abenteuer brauchen könnte: eine Taschenlampe, ein Seil, ein paar belegte Brote und eine Flasche Wasser. Dann machte er sich auf den Weg, die Karte fest in der Hand.

Die Karte führte Leo zu einem verborgenen Eingang in einem dicht bewachsenen Wald am Rande der Stadt. Der Eingang war von dichten Ranken verdeckt, doch Leo fand ihn schnell. Er zögerte nicht lange und trat ein.

Das Innere des Labyrinths war erstaunlich. Die Wände schimmerten in einem sanften, magischen Licht, und überall waren alte, geheimnisvolle Symbole eingraviert. Leo war fasziniert, aber auch ein wenig nervös. Er wusste, dass er sehr vorsichtig sein musste.

Während er durch das Labyrinth wanderte, stieß er auf viele seltsame und wunderbare Dinge. Da waren sprechende Steine, fliegende Bücher und singende Pflanzen. Aber Leo ließ sich nicht ablenken. Er wusste, dass er den Weg zur Mitte des Labyrinths finden musste.

Nach einer Weile stieß er auf eine riesige Kammer, in der eine uralte Statue stand. Die Statue zeigte eine weise, alte Frau mit einem sanften Lächeln. Leo näherte sich vorsichtig, und plötzlich begann die Statue zu sprechen.

„Willkommen, Leo", sagte die Statue. „Ich bin die Wächterin des Labyrinths. Du bist hier, um die Prüfung des Herzens zu bestehen."

Leo schluckte. „Was für eine Prüfung?"

„Du musst drei Aufgaben erfüllen", erklärte die Wächterin. „Erst dann wirst du das Herz des Labyrinths erreichen und das Geheimnis von Lumenia entdecken."

Leo nickte mutig. „Ich bin bereit."

Die erste Aufgabe führte ihn zu einer dunklen Höhle, in der er eine verlorene Laterne finden musste. Die Höhle war voller Fallen und kniffliger Rätsel, aber Leo benutzte seinen Verstand und seine Geschicklichkeit, um die Laterne zu finden und zurückzubringen.

Die zweite Aufgabe war noch schwieriger. Er musste eine Brücke überqueren, die nur sichtbar wurde, wenn er fest an sich selbst glaubte. Leo hatte Angst, aber er erinnerte sich an die Abenteuer in seinen Büchern und nahm all seinen Mut zusammen. Die Brücke erschien, und er überquerte sie sicher.

Die dritte und letzte Aufgabe brachte Leo zu einem riesigen Spiegel. Der Spiegel zeigte ihm all seine Ängste und Zweifel. Leo sah sich selbst, kleiner und schwächer als er sich je gefühlt hatte. Doch dann dachte er an seine Familie und Freunde, an all die Menschen, die ihn liebten und an ihn glaubten. Er wusste, dass er diese Aufgabe bestehen musste.

Mit einem tiefen Atemzug trat Leo auf den Spiegel zu und berührte ihn. Der Spiegel zerbrach in tausend Stücke, und eine Tür erschien. Leo trat hindurch und fand sich in der Mitte des Labyrinths wieder.

Dort, auf einem goldenen Podest, lag das Herz von Lumenia – ein strahlender Kristall, der in allen Farben des Regenbogens leuchtete. Leo nahm den Kristall vorsichtig in die Hand, und in diesem Moment erfüllte ihn ein warmes, glückliches Gefühl. Er wusste, dass er das Geheimnis des Labyrinths gefunden hatte.

Die Wächterin erschien erneut und lächelte. „Du hast die Prüfung des Herzens bestanden, Leo. Du bist mutig und stark. Das Herz von Lumenia gehört jetzt dir."

Mit dem Kristall in der Hand machte sich Leo auf den Rückweg. Als er das Labyrinth verließ, sah er, dass sich die Welt verändert hatte. Alles schien heller und lebendiger, und die Menschen in Kleinburg waren fröhlicher und freundlicher als je zuvor.

Leo kehrte als Held zurück. Er hatte nicht nur das Geheimnis des Labyrinths gelüftet, sondern auch gelernt, dass Mut und Glaube an sich selbst die größten Kräfte sind. Von diesem Tag an war Leo immer bereit für neue Abenteuer, denn er wusste, dass er alles schaffen konnte, wenn er nur an sich glaubte.

Leo and the Magical Labyrinth

Leo was an ordinary boy who lived in a somewhat unremarkable town called Littleburg. With his tousled brown hair and a penchant for pranks, Leo was always on the lookout for adventures. But nothing could have prepared him for what was about to happen one day.

It all started on a sunny Saturday morning. Leo was sitting in his room, bored, flipping through an old book he had found in the attic. Suddenly, a yellowed piece of paper fell out, showing an old map. The map led to a place completely unknown in Littleburg: the mysterious Labyrinth of Lumenia.

Curious and excited, Leo packed his backpack with everything he might need for an adventure: a flashlight, a rope, some sandwiches, and a bottle of water. Then he set off, the map firmly in hand.

The map led Leo to a hidden entrance in a densely overgrown forest on the edge of town. The entrance was covered by thick vines, but Leo found it quickly. He didn't hesitate and stepped inside.

The inside of the labyrinth was astonishing. The walls glimmered with a soft, magical light, and old, mysterious symbols were engraved everywhere. Leo was fascinated but also a little nervous. He knew he had to be very careful.

As he wandered through the labyrinth, he encountered many strange and wonderful things. There were talking stones, flying books, and singing plants. But Leo didn't get distracted. He knew he had to find the way to the heart of the labyrinth.

After a while, he came upon a huge chamber where an ancient statue stood. The statue depicted a wise old woman with a gentle smile. Leo approached cautiously, and suddenly, the statue began to speak.

"Welcome, Leo," said the statue. "I am the guardian of the labyrinth. You are here to pass the trial of the heart."

Leo gulped. "What kind of trial?"

"You must complete three tasks," the guardian explained. "Only then will you reach the heart of the labyrinth and discover the secret of Lumenia."

Leo nodded bravely. "I'm ready."

The first task led him to a dark cave where he had to find a lost lantern. The cave was full of traps and tricky puzzles, but Leo used his wits and skills to find the lantern and bring it back.

The second task was even more challenging. He had to cross a bridge that only appeared if he firmly believed in himself. Leo was scared, but he remembered the adventures in his books and summoned all his courage. The bridge appeared, and he crossed it safely.

The third and final task brought Leo to a huge mirror. The mirror showed him all his fears and doubts. Leo saw himself, smaller and weaker than he had ever felt. But then he thought of his family and friends, all the people who loved and believed in him. He knew he had to pass this task.

Taking a deep breath, Leo approached the mirror and touched it. The mirror shattered into a thousand pieces, and a door appeared. Leo stepped through and found himself in the heart of the labyrinth.

There, on a golden pedestal, lay the heart of Lumenia – a radiant crystal glowing in all the colors of the rainbow. Leo carefully took the crystal in his hand, and at that moment, he felt a warm, happy sensation. He knew he had found the secret of the labyrinth.

The guardian appeared again and smiled. "You have passed the trial of the heart, Leo. You are brave and strong. The heart of Lumenia is now yours."

With the crystal in hand, Leo made his way back. As he left the labyrinth, he saw that the world had changed. Everything seemed brighter and more vibrant, and the people in Littleburg were happier and kinder than ever before.

Leo returned as a hero. He had not only uncovered the secret of the labyrinth but also learned that courage and belief in oneself are the greatest powers. From that day on, Leo was always ready for new adventures, knowing that he could achieve anything if he just believed in himself.

Poldi, der kleine Pinguin und das große Abenteuer

Poldi war ein kleiner Pinguin, der in einem gemütlichen Nest am Rande des großen Eismeers lebte. Poldi war nicht wie die anderen Pinguine. Während seine Freunde es liebten, in den eisigen Gewässern zu schwimmen und den ganzen Tag auf dem Eis herumzuwatscheln, träumte Poldi von Abenteuern in der weiten Welt.

Eines Tages, als der Himmel besonders klar und die Sonne über dem Eismeer glitzerte, beschloss Poldi, dass es Zeit für ein Abenteuer war. Er packte seinen Rucksack mit ein paar Fischen, einer warmen Decke und seiner Lieblingsmütze, die seine Oma ihm gestrickt hatte. Dann machte er sich auf den Weg.

Poldi watschelte und rutschte über das Eis, immer weiter weg von seinem Nest. Er war aufgeregt und ein wenig ängstlich, aber sein Abenteuerdrang war stärker. Bald erreichte er den Rand des Eismeers, wo die weiten Wasser sich endlos erstreckten. Poldi atmete tief ein und sprang ins kalte Wasser. Er schwamm und schwamm, bis er eine kleine Insel erreichte, die er noch nie zuvor gesehen hatte.

Die Insel war anders als alles, was Poldi kannte. Sie war bedeckt mit bunten Blumen und grünem Gras. Vögel zwitscherten in den Bäumen, und der Duft von frischen Früchten lag in der Luft. Poldi staunte. "Was für ein wunderbarer Ort", dachte er.

Poldi machte sich auf, die Insel zu erkunden. Er traf auf viele neue Freunde: Es gab einen frechen Papagei namens Paco, eine freundliche Schildkröte namens Timmi und einen klugen Affen namens Max. Sie waren alle erstaunt, einen Pinguin zu sehen, und nahmen Poldi freundlich auf.

Eines Abends, als sie am Lagerfeuer saßen und Geschichten erzählten, erzählte Max, der Affe, von einem geheimnisvollen Schatz, der irgendwo auf der Insel vergraben sein sollte. "Es heißt, der Schatz sei vor langer Zeit von einem berühmten Entdecker versteckt worden. Niemand hat ihn je gefunden", sagte Max geheimnisvoll.

Poldis Augen leuchteten. Ein Schatz? Das klang nach dem perfekten Abenteuer. „Lasst uns den Schatz suchen!“, rief er begeistert. Paco, Timmi und Max stimmten zu, und so machten sie sich am nächsten Morgen auf die Suche.

Sie durchstreiften die Insel, suchten unter Bäumen, in Höhlen und sogar unter Wasserfällen. Es war nicht einfach, aber Poldi gab nicht auf. Seine neuen Freunde unterstützten ihn, und gemeinsam fanden sie Hinweise, die sie dem Schatz immer näher brachten.

Nach vielen Tagen harter Arbeit und spannender Entdeckungen standen sie schließlich vor einem großen Felsen, der mit alten Symbolen bedeckt war. „Das muss es sein“, flüsterte Poldi. Gemeinsam schoben sie den Felsen beiseite, und dahinter fanden sie eine Kiste, die mit Edelsteinen und Gold glänzte.

„Wir haben es geschafft!", rief Paco, und sie alle jubelten. Poldi konnte es kaum fassen. Er, ein kleiner Pinguin aus dem Eismeer, hatte einen echten Schatz gefunden.

Doch für Poldi war der wahre Schatz die Freundschaft und die Abenteuer, die er erlebt hatte. Er wusste, dass er immer wieder an diesen wunderbaren Ort zurückkehren könnte, um seine Freunde zu besuchen und neue Abenteuer zu erleben.

Poldi verabschiedete sich von Paco, Timmi und Max und machte sich auf den Rückweg. Er schwamm über das Eismeer und erreichte schließlich sein Nest. Seine Freunde und Familie begrüßten ihn freudig, und Poldi erzählte ihnen von seinem großen Abenteuer.

Von diesem Tag an war Poldi nicht mehr nur ein kleiner Pinguin aus dem Eismeer. Er war ein mutiger Entdecker, der gezeigt hatte, dass man mit Mut und Neugier die größten Abenteuer erleben kann.

Poldi the Little Penguin and the Great Adventure

Poldi was a little penguin who lived in a cozy nest on the edge of the vast icy sea. Poldi wasn't like the other penguins. While his friends loved swimming in the icy waters and waddling around on the ice all day, Poldi dreamed of adventures in the wide world.

One day, when the sky was particularly clear and the sun was sparkling over the icy sea, Poldi decided it was time for an adventure. He packed his backpack with some fish, a warm blanket, and his favorite hat that his grandma had knitted for him. Then he set off.

Poldi waddled and slid across the ice, further and further away from his nest. He was excited and a little scared, but his thirst for adventure was stronger. Soon he reached the edge of the icy sea, where the vast waters stretched endlessly. Poldi took a deep breath and jumped into the cold water. He swam and swam until he reached a small island he had never seen before.

The island was unlike anything Poldi knew. It was covered with colorful flowers and green grass. Birds chirped in the trees, and the scent of fresh fruit filled the air. Poldi was amazed. "What a wonderful place," he thought.

Poldi set out to explore the island. He met many new friends: there was a cheeky parrot named Paco, a friendly turtle named

Timmy, and a clever monkey named Max. They were all astonished to see a penguin and welcomed Poldi warmly.

One evening, as they sat around the campfire telling stories, Max, the monkey, told them about a mysterious treasure that was supposed to be buried somewhere on the island. "It is said that the treasure was hidden a long time ago by a famous explorer. No one has ever found it," Max said mysteriously.

Poldi's eyes sparkled. A treasure? That sounded like the perfect adventure. "Let's look for the treasure!" he exclaimed enthusiastically. Paco, Timmy, and Max agreed, and so they set off in search of the treasure the next morning.

They roamed the island, searching under trees, in caves, and even under waterfalls. It wasn't easy, but Poldi didn't give up. His new friends supported him, and together they found clues that brought them closer and closer to the treasure.

After many days of hard work and exciting discoveries, they finally stood before a large rock covered with ancient symbols. "This must be it," Poldi whispered. Together they pushed the rock aside, and behind it, they found a chest glittering with gems and gold.

"We did it!" cried Paco, and they all cheered. Poldi could hardly believe it. He, a little penguin from the icy sea, had found a real treasure.

But for Poldi, the real treasure was the friendship and the adventures he had experienced. He knew he could always return to this wonderful place to visit his friends and have new adventures.

Poldi said goodbye to Paco, Timmy, and Max and made his way back. He swam across the icy sea and eventually reached his nest. His friends and family greeted him joyfully, and Poldi told them about his great adventure.

From that day on, Poldi was no longer just a little penguin from the icy sea. He was a brave explorer who had shown that with courage and curiosity, the greatest adventures can be had.

Kapitän Knuddel und das verlorene Geheimnis

Kapitän Knuddel war ein außergewöhnlicher Pirat. Mit seinem schiefen Hut, der immer auf seinem Kopf schief saß, und seiner erstaunlich kuscheligen Augenklappe war er bekannt für seinen besonderen Charme und seine Liebe zu weichen Plüschkissen. Er lebte auf dem prunkvollen Schiff „Kuschelmonster", das mehr nach einem schwimmenden Wohnzimmer als nach einem Piratenschiff aussah. Es war mit Kissen, Decken und sogar einem kleinen Bücherregal ausgestattet, das Kapitän Knuddel liebte, um vor dem Schlafengehen Geschichten zu lesen.

Eines Tages, als der Himmel über dem blauen Ozean strahlend blau war und die Wellen sanft gegen die Reling plätscherten, fand Kapitän Knuddel eine alte Karte in einer Flasche. Die Karte war zerknittert und hatte Ränder, die wie durch Feuer verbrannt aussahen. „Aha!", rief der Kapitän aufgeregt. „Eine Schatzkarte!"

Seine Crew, bestehend aus dem mutigen Matrosen Manni, der immer einen Stift hinter seinem Ohr versteckt hatte, und der lebhaften Kätzin Kiki, die auf den Namen „Kleine Kratzbürste" hörte, schaute neugierig auf. „Wo führt diese Karte hin, Kapitän?" fragte Manni, während er die Karte sorgfältig entfaltete.

Kapitän Knuddel nahm seine spezielle Lesebrille, die eine große, runde Linse hatte, und studierte die Karte. „Es scheint, als würde sie uns zu einer geheimnisvollen Insel führen, die auf keiner unserer Karten eingezeichnet ist", erklärte er. „Der Schatz soll sich auf dieser Insel befinden!"

Kiki miaute aufgeregt und sprang in die Luft. „Ein Schatz!", rief sie. „Das wird ein riesiges Abenteuer!"

Die Crew machte sich sofort auf den Weg. Der Kurs wurde auf die geheimnisvolle Insel gesetzt, und das Schiff „Kuschelmonster" segelte stolz über die glitzernden Wellen. Kapitän Knuddel konnte es kaum erwarten, die Insel zu entdecken. Nach einigen Tagen auf See erblickten sie schließlich die Insel am Horizont.

Die Insel war umgeben von dichten Dschungelwäldern und hohen, steilen Klippen. Als das Schiff vor Anker ging, sprang Kapitän Knuddel zusammen mit Manni und Kiki an Land. Der Dschungel war dicht und üppig, und die Luft war erfüllt von exotischen Gerüchen. Putzige Affen schaukelten von Ast zu Ast, und bunte Vögel flogen hoch am Himmel.

„Hier entlang", sagte Kapitän Knuddel und deutete auf eine schmale Pfad, der in den Dschungel führte. „Wir müssen den Hinweisen auf der Karte folgen."

Sie folgten dem Pfad durch den Dschungel, der von riesigen Blättern und knorrigen Wurzeln gesäumt war. Plötzlich hörten sie ein Geräusch. Es klang wie ein Rumpeln und Knirschen, als ob etwas Großes sich bewegte. Die Crew hielt inne und lauschte. Aus den Büschen trat ein großer, grüner Drache mit goldenen Schuppen und freundlichen Augen hervor.

„Hallo!", sagte der Drache freundlich. „Ich bin Drako, der Wächter dieses Dschungels. Was bringt euch hierher?"

Kapitän Knuddel trat mutig vor. „Wir sind auf der Suche nach einem Schatz, der auf dieser Insel versteckt sein soll. Könnt ihr uns helfen, Drako?"

Drako lächelte. „Natürlich, aber zuerst müsst ihr drei Prüfungen bestehen. Nur dann kann ich euch den Weg zum Schatz zeigen."

„Wir sind bereit!", sagte Kapitän Knuddel entschlossen.

Die erste Prüfung bestand darin, einen riesigen Wasserfall zu überqueren, der von glitschigen Steinen und reißenden Strömungen umgeben war. Kapitän Knuddel und seine Crew kletterten über die glitschigen Steine, und Manni half mit seinem Stift, eine nützliche Karte zu zeichnen, um den besten Weg zu finden. Mit Teamarbeit und Geschick meisterten sie die erste Prüfung.

Die zweite Prüfung war noch kniffliger. Sie mussten ein Rätsel lösen, das auf einem alten Steinrelief geschrieben war. Kiki, die schlaue Kätzin, half dabei, die rätselhaften Symbole zu entschlüsseln, und bald hatten sie die richtige Antwort gefunden. Drako klatschte begeistert und sagte: „Ihr habt die zweite Prüfung bestanden!"

Die letzte Prüfung war die schwierigste. Sie mussten eine riesige Höhle betreten, die von seltsamen Lichtern erleuchtet wurde. Im Inneren der Höhle wartete ein geheimnisvoller Kristall, der nur dann sichtbar wurde, wenn man sein Herz öffnete und seine tiefsten Wünsche erkannte. Kapitän Knuddel schloss die Augen, dachte an seine Familie und seine Freunde, und als er die Augen wieder öffnete, erstrahlte der Kristall in einem warmen Licht.

„Ihr habt es geschafft!", rief Drako begeistert. „Der Schatz gehört euch!"

Drako führte sie zu einer versteckten Kammer, die von funkelnden Edelsteinen und goldenen Münzen gefüllt war. Doch der wahre Schatz war ein magischer Talisman, der in der Mitte des Raumes auf einem Podest stand. „Dieser Talisman hat die Kraft, Wünsche zu erfüllen", erklärte Drako.

Kapitän Knuddel nahm den Talisman und dachte an seine Familie und Freunde. Er wünschte sich, dass alle glücklich und gesund bleiben. Plötzlich begann der Talisman zu leuchten und ein warmes, goldenes Licht erfüllte die ganze Kammer.

„Danke, Drako", sagte Kapitän Knuddel. „Dieser Schatz wird uns helfen, noch viele weitere Abenteuer zu erleben und unseren Freunden zu helfen."

Mit dem magischen Talisman und einem Herzen voller Freude machten sich Kapitän Knuddel, Manni und Kiki auf den Weg zurück zum Schiff. Sie segelten zurück nach Hause, und das Abenteuer auf der geheimnisvollen Insel wurde zu einer Geschichte, die sie immer wieder erzählten.

Von diesem Tag an waren Kapitän Knuddel und seine Crew nicht nur für ihre Abenteuerlust bekannt, sondern auch für ihre Freundlichkeit und ihren Wunsch, anderen zu helfen. Der Talisman erinnerte sie immer daran, dass die wahren Schätze nicht aus Gold und Edelsteinen bestehen, sondern aus Freundschaft, Mut und der Bereitschaft, einander zu helfen.

Und so lebten Kapitän Knuddel, Manni und Kiki glücklich und zufrieden und erlebten noch viele weitere aufregende Abenteuer, immer mit einem Lächeln auf den Lippen und einem warmen Herzen.

Captain Cuddle and the Lost Secret

Captain Cuddle was an extraordinary pirate. With his crooked hat that always sat askew on his head and his remarkably cozy eye patch, he was known for his unique charm and his love for fluffy pillows. He lived on the splendid ship "Cuddle Monster," which looked more like a floating living room than a pirate ship. It was outfitted with cushions, blankets, and even a small bookshelf that Captain Cuddle loved to read stories from before bed.

One day, with the sky sparkling bright blue and the waves gently lapping against the railing, Captain Cuddle found an old map in a bottle. The map was crumpled and had edges that looked as if they had been singed by fire. "Aha!" exclaimed the Captain excitedly. "A treasure map!"

His crew, consisting of the brave sailor Manny, who always had a pencil tucked behind his ear, and the lively kitten Kiki, known as "Little Scratchy," looked on with curiosity. "Where does this map lead, Captain?" Manny asked as he carefully unfolded the map.

Captain Cuddle took his special reading glasses, which had one large, round lens, and studied the map. "It seems to lead us to a mysterious island that isn't marked on any of our charts," he explained. "The treasure must be on this island!"

Kiki meowed excitedly and leaped into the air. "A treasure!" she exclaimed. "This is going to be a huge adventure!"

The crew immediately set sail. The course was set for the mysterious island, and the ship "Cuddle Monster" proudly sailed over the shimmering waves. Captain Cuddle could hardly wait to discover the island. After a few days at sea, they finally spotted the island on the horizon.

The island was surrounded by dense jungle forests and high, steep cliffs. As the ship dropped anchor, Captain Cuddle, along with Manny and Kiki, jumped ashore. The jungle was thick and lush, and the air was filled with exotic scents. Cute monkeys swung from branch to branch, and colorful birds flew high in the sky.

"This way," said Captain Cuddle, pointing to a narrow path leading into the jungle. "We need to follow the clues on the map."

They followed the path through the jungle, lined with enormous leaves and gnarled roots. Suddenly, they heard a noise. It sounded like rumbling and crunching, as if something big was moving. The crew stopped and listened. From the bushes emerged a large, green dragon with golden scales and friendly eyes.

"Hello!" said the dragon warmly. "I'm Drako, the guardian of this jungle. What brings you here?"

Captain Cuddle stepped forward bravely. "We're in search of a treasure that's supposed to be hidden on this island. Can you help us, Drako?"

Drako smiled. "Of course, but first, you must complete three trials. Only then can I show you the way to the treasure."

"We're ready!" said Captain Cuddle determinedly.

The first trial was to cross a massive waterfall surrounded by slippery stones and raging currents. Captain Cuddle and his crew climbed over the slippery stones, and Manny used his pencil to draw a helpful map to find the best route. With teamwork and skill, they successfully completed the first trial.

The second trial was even trickier. They had to solve a riddle inscribed on an ancient stone relief. Kiki, the clever kitten, helped decipher the cryptic symbols, and soon they had the correct answer. Drako clapped excitedly and said, "You've passed the second trial!"

The final trial was the most challenging. They had to enter a huge cave illuminated by strange lights. Inside the cave, there was a mysterious crystal that only became visible when one opened their heart and recognized their deepest wishes. Captain Cuddle closed his eyes, thought about his family and friends, and when he opened his eyes again, the crystal shone with a warm light.

"You did it!" Drako exclaimed with joy. "The treasure is yours!"

Drako led them to a hidden chamber filled with sparkling gems and golden coins. But the real treasure was a magical talisman placed on a pedestal in the center of the room. "This talisman has the power to grant wishes," Drako explained.

Captain Cuddle took the talisman and wished for his family and friends to stay happy and healthy. Suddenly, the talisman began to glow, and a warm, golden light filled the entire chamber.

"Thank you, Drako," said Captain Cuddle. "This treasure will help us have many more adventures and assist our friends."

With the magical talisman and a heart full of joy, Captain Cuddle, Manny, and Kiki set off back to the ship. They sailed home, and the adventure on the mysterious island became a story they told over and over again.

From that day on, Captain Cuddle and his crew were known not only for their adventurous spirit but also for their kindness and their desire to help others. The talisman reminded them that true treasures are not made of gold and jewels, but of friendship, courage, and the willingness to help one another.

And so, Captain Cuddle, Manny, and Kiki lived happily ever after, always ready for new and exciting adventures, with smiles on their faces and warm hearts.

Hilda, das freche Nilpferd und die unglaubliche Sumpfsafari

Hilda war ein außergewöhnlich freches Nilpferd, das in einem riesigen, moosbedeckten Sumpf lebte, der so groß war, dass man darin einen ganzen Dschungel verstecken konnte. Hilda war nicht wie die anderen Nilpferde. Während ihre Freunde es liebten, in der kühlen Schlammpfütze zu planschen und den ganzen Tag faul in der Sonne zu liegen, hatte Hilda eine unerschöpfliche Neugier und eine unbändige Lust auf Abenteuer.

Eines sonnigen Morgens, als die Vögel fröhlich zwitscherten und die Libellen wie fliegende Juwelen durch die Luft schwirrten, stieß Hilda beim Herumtollen auf etwas Seltsames. Unter einem großen, abgebrochenen Ast lag eine alte, verstaubte Kiste. Neugierig schob Hilda den Ast beiseite und öffnete die Kiste mit ihren kräftigen Vorderbeinen. In der Kiste lag eine vergilbte Karte, die so zerknittert war, dass sie wie ein zerknülltes Stück Papier aussah.

„Was ist das denn?", brummte Hilda aufgeregt und betrachtete die Karte genau. Auf der Karte war ein geheimnisvoller Weg eingezeichnet, der durch den Sumpf und über geheimnisvolle Hügel führte. Am Ende des Weges war ein großes, rotes X gezeichnet.

„Das sieht nach einem Abenteuer aus!“, rief Hilda begeistert. „Vielleicht gibt es einen Schatz oder ein spannendes Geheimnis!“

Schnell lief sie zu ihren Freunden, den schüchternen Erdmännchen Erni und Ede, und dem fröhlichen Krokodil Karl. „Freunde!“, rief Hilda. „Schaut mal, was ich gefunden habe! Eine Schatzkarte!“

Erni und Ede, die in der Nähe ihrer gemütlichen Höhle spielen, starrten die Karte mit großen Augen an. „Wow!“, sagte Erni, der große Augen machte. „Das könnte eine aufregende Suche werden!“

Karl, der ein fröhliches Krokodil war und immer ein breites Lächeln auf dem Gesicht hatte, klatschte begeistert in die Hände. „Ich bin dabei!“, sagte er. „Das wird ein großer Spaß!“

Die vier Freunde bereiteten sich auf das Abenteuer vor. Hilda packte einen Rucksack mit Snacks, einer Taschenlampe und einem Kompass, den sie in der Kiste gefunden hatte. Erni und Ede nahmen ihre praktischen Ausrüstungen mit, und Karl brachte seine treue Rutschpartie mit, die ihm immer beim Überqueren von Gewässern half.

Sie folgten dem geheimnisvollen Pfad, der auf der Karte eingezeichnet war, und begaben sich tief in den Sumpf. Der Weg war nicht einfach. Sie mussten über knorrige Wurzeln klettern, durch tiefes Wasser waten und sich durch dichte Büsche kämpfen. Doch Hilda und ihre Freunde ließen sich nicht entmutigen. Sie sangen Lieder, erzählten Witze und halfen einander, die schwierigen Passagen zu überwinden.

Nach einigen Stunden gelangten sie zu einem riesigen, alten Baum, der von einer großen Liane umwickelt war. Auf dem Baum war eine Nachricht eingeritzt. „Wer den Schatz finden will, muss den Baum des Wissens erklettern", stand dort geschrieben.

„Das ist unser nächster Hinweis!", sagte Hilda entschlossen. „Lasst uns den Baum erklimmen!"

Hilda und ihre Freunde kletterten vorsichtig den Baum hinauf. Erni und Ede halfen Karl, der etwas schwerfälliger war, und Hilda, die geschickt und flink war, führte den Weg. Oben angekommen, fanden sie eine kleine Holztruhe, die fest an den Baumstamm gebunden war. Mit vereinten Kräften öffneten sie die Truhe und fanden darin eine weitere Karte, die ihnen den Weg zu einer verborgenen Höhle zeigte.

„Das sieht nach einem aufregenden Ort aus", sagte Karl, der schon vor Aufregung auf der Stelle hüpfte. „Lasst uns sofort zur Höhle gehen!"

Sie folgten dem neuen Pfad und erreichten bald eine geheimnisvolle Höhle, die von glühenden Pilzen und leuchtenden Schmetterlingen erhellt wurde. In der Höhle stießen sie auf ein Rätsel, das auf einer alten Steintafel geschrieben war. „Die richtige Antwort wird den Weg zum Schatz zeigen", lautete die Botschaft.

Hilda und ihre Freunde standen vor der Steintafel und begannen zu rätseln. Es war ein schwieriges Rätsel, das ihre Köpfe zum Rauchen brachte. Doch gemeinsam arbeiteten sie daran, die Lösung zu finden. Erni, der immer einen scharfen Verstand hatte, fand schließlich die richtige Antwort, und die Steintafel öffnete sich, um einen geheimen Tunnel freizulegen.

„Das ist es!“, rief Hilda begeistert. „Der Tunnel führt uns zum Schatz!“

Der Tunnel war dunkel und schmal, aber die Freunde ließen sich nicht einschüchtern. Sie gingen vorsichtig weiter, bis sie schließlich eine große Kammer erreichten, die von goldenen Lichtern erleuchtet wurde. In der Mitte der Kammer stand ein prächtiger Thron aus Edelsteinen und Gold.

Auf dem Thron lag ein wunderschöner, leuchtender Kristall, der in allen Regenbogenfarben schimmerte. „Das ist der Schatz!“, rief Hilda begeistert. „Ein magischer Kristall!“

Als sie den Kristall berührten, begann er zu leuchten und eine sanfte Stimme sprach: „Dieser Kristall hat die Kraft, Wünsche zu erfüllen. Doch wahre Schätze sind nicht immer aus Gold und Edelsteinen. Sie liegen in den Abenteuern, die wir erleben, und in den Freundschaften, die wir schließen.“

Hilda lächelte und sah ihre Freunde an. „Ich habe mir immer gewünscht, dass wir gemeinsam ein Abenteuer erleben“, sagte sie. „Und genau das haben wir getan!“

Mit dem leuchtenden Kristall in der Tasche und Herzen voller Freude machten sich Hilda und ihre Freunde auf den Rückweg. Der Pfad zurück war viel einfacher, da die magische Energie des Kristalls ihnen den Weg erleuchtete.

Als sie schließlich wieder in ihrem Sumpf ankamen, wurden sie von ihren anderen Freunden herzlich empfangen. Hilda erzählte ihnen von ihrem Abenteuer und dem magischen Kristall. Alle lauschten gespannt und freuten sich über die aufregende Geschichte.

Von diesem Tag an war Hilda nicht nur für ihre Frechheit und ihren Mut bekannt, sondern auch für ihre Fähigkeit, große Abenteuer zu erleben und dabei echte Freundschaft zu finden. Der magische Kristall erinnerte sie immer daran, dass die wahren Schätze nicht nur in geheimnisvollen Orten, sondern auch in den Herzen der Menschen liegen, die man liebt.

Hilda, Erni, Ede und Karl erlebten noch viele weitere aufregende Abenteuer im Sumpf und darüber hinaus, immer begleitet von der Magie ihrer Freundschaft und der Freude an neuen Entdeckungen.

Hilda the Cheeky Hippo and the Incredible Swamp Safari

Hilda was an extraordinarily cheeky hippopotamus who lived in a vast, moss-covered swamp so large it could have hidden an entire jungle. Hilda wasn't like the other hippos. While her friends loved splashing around in the cool mud puddles and lounging in the sun all day, Hilda had an insatiable curiosity and an uncontainable love for adventure.

One sunny morning, as the birds chirped cheerfully and the dragonflies darted through the air like flying jewels, Hilda stumbled upon something strange while frolicking. Under a large, fallen branch lay an old, dusty chest. Curious, Hilda pushed the branch aside and opened the chest with her powerful front legs. Inside the chest was a yellowed map that looked as if it had been crumpled up and scorched by fire.

"What's this?" Hilda rumbled excitedly, examining the map closely. The map showed a mysterious path winding through the swamp and over enigmatic hills, with a big red X marked at the end.

"This looks like an adventure!" Hilda exclaimed. "Maybe there's a treasure or an exciting secret!"

She quickly ran to her friends, the shy meerkats Erni and Ede, and the cheerful crocodile Karl. "Friends!" Hilda called out. "Look what I found! A treasure map!"

Erni and Ede, who were playing near their cozy burrow, stared at the map with wide eyes. "Wow!" said Erni, eyes wide with amazement. "This could be an exciting quest!"

Karl, who was always smiling broadly, clapped his hands excitedly. "I'm in!" he said. "This is going to be great fun!"

The four friends prepared for the adventure. Hilda packed a backpack with snacks, a flashlight, and a compass she had found in the chest. Erni and Ede brought their practical gear, and Karl brought his trusty sliding board, which always helped him cross bodies of water.

They followed the mysterious path marked on the map and ventured deep into the swamp. The way was not easy. They had to climb over gnarled roots, wade through deep water, and push their way through dense bushes. But Hilda and her friends were undeterred. They sang songs, told jokes, and helped each other navigate the tricky spots.

After several hours, they arrived at a massive, ancient tree entwined with a large vine. On the tree was an inscription. "To find the treasure, you must climb the Tree of Knowledge," it read.

"This is our next clue!" Hilda said determinedly. "Let's climb the tree!"

Hilda and her friends carefully climbed up the tree. Erni and Ede helped Karl, who was a bit clumsier, and Hilda, who was nimble and agile, led the way. When they reached the top, they found a small wooden chest firmly attached to the tree trunk. With combined strength, they opened the chest and found another map that showed the way to a hidden cave.

"This looks like an exciting place," Karl said, hopping with excitement. "Let's go to the cave right away!"

They followed the new path and soon reached a mysterious cave lit by glowing mushrooms and shimmering butterflies. Inside the cave, they encountered a riddle inscribed on an ancient stone tablet. "The right answer will reveal the way to the treasure," the inscription read.

Hilda and her friends stood before the stone tablet and began to solve the riddle. It was a challenging puzzle that made their heads spin. But working together, they eventually found the correct answer, and the stone tablet opened to reveal a secret tunnel.

"This is it!" Hilda exclaimed. "The tunnel will lead us to the treasure!"

The tunnel was dark and narrow, but the friends were not intimidated. They proceeded cautiously until they finally reached a large chamber illuminated by golden lights. In the center of the chamber stood a magnificent throne made of gems and gold.

On the throne lay a beautiful, glowing crystal that shimmered in all the colors of the rainbow. "This is the treasure!" Hilda cried excitedly. "A magical crystal!"

As they touched the crystal, it began to glow, and a gentle voice spoke: "This crystal has the power to grant wishes. But true treasures are not always made of gold and jewels. They lie in the adventures we experience and the friendships we make."

Hilda smiled and looked at her friends. "I've always wished for us to have an adventure together," she said. "And that's exactly what we've done!"

With the glowing crystal in their possession and hearts full of joy, Hilda and her friends made their way back. The path home was much easier, thanks to the magical energy of the crystal lighting their way.

When they finally returned to their swamp, they were warmly welcomed by their other friends. Hilda shared their adventure and the magical crystal with them, and everyone listened with rapt attention and delight.

From that day on, Hilda was known not only for her cheekiness and bravery but also for her ability to embark on grand adventures and discover true friendship. The magical crystal always reminded them that true treasures are not just hidden in mysterious places but also in the hearts of the people we love.

Hilda, Erni, Ede, and Karl continued to experience many more thrilling adventures in the swamp and beyond, always accompanied by the magic of their friendship and the joy of new discoveries.

Das magische Rezeptbuch von Rudi Rührer

Es war einmal ein kleiner, unscheinbarer Ort namens Plumperhausen, der für seine köstlichen Kekse und himmlischen Torten bekannt war. Doch das Besondere an Plumperhausen war nicht nur die süße Backkunst, sondern auch ein geheimnisvolles Rezeptbuch, das eine ganze Reihe von wundersamen und außergewöhnlichen Rezepten enthielt.

Das Rezeptbuch gehörte Rudi Rührer, einem etwas pummeligen und ausgesprochen fröhlichen Bäcker, der in einer kleinen Backstube am Rande des Dorfes lebte. Rudis Backstube war ein magischer Ort. Schon beim Betreten konnte man den betörenden Duft frisch gebackener Kekse und warmer Torten in der Luft riechen. Die Regale waren gefüllt mit allen möglichen Zutaten – von duftendem Vanilleextrakt bis hin zu schillernden Zuckerstreuseln. Doch das Herzstück von Rudis Backstube war das magische Rezeptbuch, das in einem wunderschönen goldenen Einband gebunden war und auf einem Podest in der Ecke des Raumes thronte.

Eines Tages, als die Sonne über Plumperhausen schien und die Vögel fröhlich zwitscherten, passierte etwas Außergewöhnliches. Rudi fand das Rezeptbuch, das bisher immer brav in der Ecke stand, plötzlich in der Mitte seines Backraums liegen. „Wie kommt das Buch hierher?", wunderte sich Rudi. „Ich habe es doch immer an seinen Platz gestellt!"

Rudi hob das Buch auf und bemerkte, dass die goldene Einfassung in einem seltsamen, silbrigen Licht schimmerte. Er schüttelte den Kopf. „Vielleicht bilde ich mir das nur ein", murmelte er und öffnete das Buch vorsichtig.

Als er die erste Seite umblätterte, wurde die ganze Backstube plötzlich von einem sanften, rosa Licht erleuchtet. Die Seiten des Buches schienen zu glitzern und zu funkeln. „Oh, wow!", rief Rudi überrascht. „Das Buch ist magisch!"

Die erste Seite enthielt ein Rezept für „Fliegende Kekse". Neugierig begann Rudi, die Zutaten zusammenzustellen – Zucker, Butter, Mehl und eine geheimnisvolle Zutat namens „Sternenstaub". Er hatte noch nie von Sternenstaub gehört, doch die Rezeptanweisung war eindeutig: „Ein Teelöffel Sternenstaub verleiht den Keksen die Fähigkeit zu fliegen."

„Das ist unglaublich!", rief Rudi und griff nach einer Prise Sternenstaub, den er in einem kleinen, funkelnden Glas aufbewahrte. Er vermischte die Zutaten sorgfältig und formte den Teig zu kleinen Keksen. Als die Kekse im Ofen backten, begann die Backstube zu vibrieren und die Kekse flogen tatsächlich in die Luft, als sie fertig waren.

„Diese Kekse sind fantastisch!", lachte Rudi und fing die fliegenden Kekse auf, bevor sie gegen die Wände prallten. Er verpackte die Kekse sorgfältig und stellte sie in die Auslage seiner Backstube. Schon bald standen die Menschen in Plumperhausen Schlange, um die außergewöhnlichen Kekse zu kaufen.

Am nächsten Tag fand Rudi ein weiteres Rezept in seinem magischen Buch. Es handelte sich um „Lachende Torten". Laut

Rezept sollten die Torten so köstlich sein, dass jeder, der ein Stück davon isst, anfangen würde zu lachen. Rudi war begeistert und machte sich daran, die Zutaten zusammenzustellen: Vanille, Schokolade und – wie immer – eine Prise des geheimnisvollen „Glückspuders".

Er backte die Torten, und als die ersten Kunden sie probierten, brachen sie in schallendes Gelächter aus. Sogar die grimmigste Frau des Dorfes konnte sich ein Lächeln nicht verkneifen. Die „Lachenden Torten" wurden zu einem großen Erfolg, und Rudi wurde in Plumperhausen als der lustigste Bäcker bekannt.

Mit der Zeit begann Rudi, die Rezepte im magischen Buch immer weiter zu erkunden. Eines Tages fand er ein Rezept für „Unsichtbare Muffins". Die Anleitung lautete: „Mische alle Zutaten gut durch und backe die Muffins. Wenn sie fertig sind, wirst du feststellen, dass sie unsichtbar werden. Aber keine Sorge, sie schmecken hervorragend!"

Rudi folgte der Anleitung und stellte die Muffins her. Als die Muffins aus dem Ofen kamen, waren sie tatsächlich unsichtbar. Es war ein amüsantes Rätsel, die Muffins zu finden und zu essen. Die Kunden waren begeistert von dem Spiel, und die unsichtbaren Muffins wurden zu einem beliebten Spaß auf dem Dorfmarkt.

Doch eines Tages, als Rudi wieder einen Blick in sein magisches Rezeptbuch werfen wollte, bemerkte er, dass etwas nicht stimmte. Das Buch war leer. „Wie ist das möglich?", fragte sich Rudi besorgt. „Das Buch hat keine Rezepte mehr!"

Rudi versuchte verzweifelt, das Buch zu füllen, indem er eigene Rezepte hinzufügte, doch nichts funktionierte. Die magischen Rezepte waren verschwunden, und die Backstube war plötzlich ganz normal. Der Zauber, der seine Backkunst so besonders gemacht hatte, schien verschwunden zu sein.

Da erinnerte sich Rudi an ein wichtiges Detail aus dem Rezeptbuch. Auf der letzten Seite, die immer leer gewesen war, stand eine kleine Nachricht: „Der wahre Zauber liegt nicht nur in den Rezepten, sondern in der Freude, die du beim Backen empfindest und dem Lächeln, das du den Menschen schenkst."

Mit dieser Erkenntnis machte sich Rudi wieder ans Werk. Er backte mit Liebe und Hingabe und versuchte, den Menschen in Plumperhausen ein Lächeln ins Gesicht zu zaubern. Auch ohne die magischen Rezepte schaffte es Rudi, köstliche Kekse, Torten und Muffins zu backen, die genauso wunderbar waren wie zuvor.

Und obwohl das magische Rezeptbuch nie wieder die gleichen wundersamen Rezepte zeigte, war Rudi glücklicher denn je. Er hatte gelernt, dass die wahre Magie in der Freude am Backen und in der Liebe lag, die er in seine Kreationen steckte.

Von diesem Tag an war Rudi Rührer nicht nur als der beste Bäcker von Plumperhausen bekannt, sondern auch als jemand, der die Herzen der Menschen mit seiner Leidenschaft und seinem Lächeln erobert hatte. Und so lebte er glücklich und zufrieden, backte mit Herz und sorgte dafür, dass jeder Bissen, den seine Kunden genossen, voller Freude und Liebe war.

Rudi Mixer's Magical Recipe Book

Once upon a time, in a small, unassuming place called Plumperhausen, renowned for its delicious cookies and heavenly cakes, there was something truly special. It wasn't just the sweet baking art but also a mysterious recipe book that contained an array of marvelous and extraordinary recipes.

The recipe book belonged to Rudi Mixer, a slightly plump and exceedingly cheerful baker who lived in a quaint bakery on the edge of the village. Rudi's bakery was a magical place. Just stepping inside, one could smell the enchanting aroma of freshly baked cookies and warm cakes in the air. The shelves were lined with every imaginable ingredient—from fragrant vanilla extract to shimmering sprinkles. But the heart of Rudi's bakery was the magical recipe book, bound in a beautiful golden cover and resting on a pedestal in the corner of the room.

One sunny morning, as the sun beamed over Plumperhausen and the birds chirped cheerfully, something extraordinary happened. Rudi found the recipe book, which had always been neatly in its place, lying right in the middle of his baking room. "How did this book get here?" wondered Rudi. "I always put it back in its spot!"

Rudi picked up the book and noticed that the golden cover was shimmering with a strange, silvery light. He shook his head. "Maybe I'm imagining things," he murmured and carefully opened the book.

As he turned the first page, the entire bakery was suddenly bathed in a soft, pink light. The pages of the book seemed to sparkle and shimmer. "Oh, wow!" exclaimed Rudi in surprise. "The book is magical!"

The first page contained a recipe for "Flying Cookies." Curiously, Rudi began gathering the ingredients—sugar, butter, flour, and a mysterious ingredient called "Star Dust." He had never heard of Star Dust before, but the recipe instructions were clear: "A teaspoon of Star Dust will give the cookies the ability to fly."

"This is incredible!" shouted Rudi, grabbing a pinch of Star Dust from a small, sparkling jar. He mixed the ingredients carefully and shaped the dough into little cookies. As the cookies baked in the oven, the bakery began to vibrate, and the cookies actually flew into the air when they were done.

"These cookies are fantastic!" laughed Rudi as he caught the flying cookies before they bumped into the walls. He packaged the cookies carefully and displayed them in the shop window. Soon, people from Plumperhausen were lining up to buy the extraordinary cookies.

The next day, Rudi discovered another recipe in his magical book. It was for "Laughing Cakes." According to the recipe, the cakes should be so delicious that anyone who ate a slice would start laughing. Rudi was thrilled and set about gathering the ingredients: vanilla, chocolate, and, as always, a pinch of the mysterious "Happiness Powder."

He baked the cakes, and when the first customers tried them, they burst into loud laughter. Even the grimmest woman in the village couldn't help but smile. The "Laughing Cakes" became a big hit, and Rudi was known in Plumperhausen as the funniest baker around.

Over time, Rudi continued to explore the recipes in the magical book. One day, he found a recipe for "Invisible Muffins." The instructions read: "Mix all ingredients well and bake the muffins. When they are done, you will find that they become invisible. But don't worry, they taste excellent!"

Rudi followed the instructions and made the muffins. When the muffins came out of the oven, they were indeed invisible. It was a delightful challenge to find and eat the muffins. The customers enjoyed the game, and the invisible muffins became a popular fun item at the village market.

But one day, when Rudi wanted to take another look at his magical recipe book, he noticed something was wrong. The book was empty. "How is this possible?" Rudi wondered anxiously. "The book has no recipes left!"

Rudi desperately tried to fill the book by adding his own recipes, but nothing worked. The magical recipes had disappeared, and the bakery was suddenly just ordinary. The magic that had made his baking so special seemed to be gone.

Then Rudi remembered an important detail from the recipe book. On the last page, which had always been blank, was a small note: "True magic lies not only in the recipes but in the joy you feel while baking and the smiles you bring to people."

With this realization, Rudi set to work again. He baked with love and dedication, striving to bring a smile to the faces of the people in Plumperhausen. Even without the magical recipes, Rudi managed to bake delicious cookies, cakes, and muffins that were just as wonderful as before.

And although the magical recipe book never again revealed the same wondrous recipes, Rudi was happier than ever. He had learned that true magic lay in the joy of baking and in the love he put into his creations.

From that day on, Rudi Mixer was not only known as the best baker in Plumperhausen but also as someone who won the hearts of people with his passion and his smile. And so, he lived happily ever after, baking with heart and ensuring that every bite his customers enjoyed was filled with joy and love.

Pablo, der Papagei mit dem ganz besonderen Plappermaul**

In einem kleinen, bunten Dörfchen namens Quasselhausen lebte ein ganz außergewöhnlicher Papagei namens Pablo. Pablo war nicht nur für seine schillernden Federn und sein fröhliches Geplapper bekannt, sondern auch für seine erstaunliche Fähigkeit, in nahezu allen Sprachen zu plaudern, die es nur gab. Er sprach Englisch, Französisch, Spanisch und sogar eine geheime Papageien-Sprache, die nur die klügsten Vögel verstehen konnten.

Pablo lebte in einem charmanten kleinen Vogelkäfig in der Ecke des Daches von Frau Müller's Haus. Frau Müller war eine freundliche alte Dame, die jeden Morgen eine Tasse Tee trank, während sie Pablo beim fröhlichen Plappern lauschte. „Guten Morgen, Pablo! Wie geht es dir heute?", fragte sie oft. Und Pablo, der diese Frage liebte, antwortete stets mit einem fröhlichen „Bonjour! Comment ça va?", wobei er dabei lustig mit den Flügeln wedelte.

Eines Tages, als die Sonne besonders strahlend über Quasselhausen schien und die Blumen in allen Farben blühten, hörte Pablo ein seltsames Geräusch aus dem Garten. Es klang wie das Knirschen von Schritten und das gelegentliche Plätschern von Wasser. Neugierig wie immer, begann Pablo mit dem Kopf zu wippen und rief: „Kikeriki, was ist das?"

Als Frau Müller in den Garten ging, um nachzusehen, stieß sie auf ein großes, buntes Zelt, das mitten in ihrem Garten aufgebaut war. Das Zelt war so farbenfroh, dass es wie ein riesiger Regenbogen aussah. Auf dem Zelt stand in großen Buchstaben: „Weltmeister-Wettbewerb der Tiere".

„Oh, wie aufregend!", rief Frau Müller begeistert. „Das klingt nach einem riesigen Spaß!"

Pablo, der natürlich alles mitverfolgte, quasselte aufgeregt: „Was gibt es hier zu gewinnen? Was gibt es zu gewinnen?"

Frau Müller lächelte und erklärte: „Es scheint, als ob hier ein Wettbewerb stattfindet, bei dem verschiedene Tiere ihre Talente zeigen können. Vielleicht gibt es ja einen Preis für den talentiertesten Vogel!"

Pablo war sofort begeistert. „Ein Wettbewerb! Ein Wettbewerb! Ich muss mitmachen!", plapperte er fröhlich. „Ich werde den großen Preis gewinnen!"

Frau Müller lachte und streichelte Pablo freundlich. „Nun, Pablo, ich bin mir sicher, dass du großartige Chancen hast. Deine Sprachkenntnisse sind beeindruckend!"

Als der Wettbewerb begann, war das Zelt voll von Tieren aus der ganzen Welt, die ihre beeindruckenden Talente präsentierten. Es gab einen Elefanten, der mit seinem Rüssel wunderschöne Kunstwerke malte, einen Känguru, das atemberaubende Jonglierkunststücke vorführte, und sogar einen Löwen, der mit seiner brüllenden Stimme das Zelt zum Beben brachte.

Als Pablo an der Reihe war, flatterte er aufgeregt zur Bühne und nahm seinen Platz ein. „Meine Damen und Herren, ich präsentiere Ihnen Pablo, den Papagei mit dem ganz besonderen Plappermaul!", kündigte die Moderatorin an.

Pablo begann mit seinem Auftritt. Er sprach in verschiedenen Sprachen, erzählte Witze und plauderte sogar mit dem Publikum. Die Zuschauer waren begeistert von Pablos unglaublichen Sprachfähigkeiten und seinem charmanten Geschwätz. Doch als er anfing, die Papageien-Sprache zu sprechen, die nur die klügsten Vögel verstehen konnten, war das Publikum völlig fasziniert.

Plötzlich begann Pablo, eine magische Geschichte zu erzählen, die alle Anwesenden verzauberte. Die Geschichte handelte von einem mutigen Papageien, der seine Freunde in einem gefährlichen Abenteuer rettete. Pablo erzählte die Geschichte so lebhaft, dass die Zuschauer die Spannung und das Abenteuer förmlich miterlebten.

Als Pablo seine Geschichte beendete, brach das Publikum in einen begeisterten Applaus aus. Die Jury, bestehend aus verschiedenen Tieren, war ebenfalls beeindruckt und sprach sich einstimmig dafür aus, dass Pablo den großen Preis gewinnen sollte.

„Und der Preis für das außergewöhnlichste Talent geht an... Pablo, den Papagei mit dem ganz besonderen Plappermaul!", rief die Moderatorin, und das Zelt explodierte vor Jubel.

Pablo flatterte vor Freude und nahm den großen Pokal entgegen. „Danke! Danke!", plapperte er aufgeregt. „Ich habe gewonnen!"

Frau Müller war sehr stolz auf Pablo. „Du hast großartige Arbeit geleistet, Pablo. Ich wusste, dass du es schaffen würdest!"

Als Pablo und Frau Müller nach Hause gingen, wurden sie von den anderen Dorfbewohnern herzlich empfangen. Alle waren begeistert von Pablos beeindruckendem Auftritt und dem großen Sieg. Pablo wurde in Quasselhausen als der talentierteste Papagei gefeiert und erhielt viele liebevolle Gratulationen.

Von diesem Tag an wurde das Plappermaul von Pablo noch berühmter, und er setzte seine beeindruckenden Sprachkünste weiterhin für gute Zwecke ein. Er hielt kleine Konzerte für die Kinder des Dorfes, erzählte Geschichten und unterhielt alle mit seinen faszinierenden Sprachen.

Eines Tages kam ein neuer Zirkus in die Stadt, und Pablo wurde eingeladen, in der Show aufzutreten. Er trat vor einem großen Publikum auf und stellte sein beeindruckendes Talent erneut unter Beweis. Die Menschen aus Quasselhausen waren stolz auf ihren berühmten Papageien und schickten ihm herzliche Grüße.

Obwohl Pablo nun ein berühmter Papagei war, blieb er immer der gleiche fröhliche und neugierige Vogel, der seinen Tag mit fröhlichem Geplapper und spannenden Geschichten füllte. Die Menschen in Quasselhausen liebten ihn weiterhin für seine einzigartige Art und seine unglaublichen Sprachfähigkeiten.

Und so lebte Pablo glücklich und zufrieden, umgeben von Freunden und bewundernden Menschen, die immer wieder erstaunt über die besonderen Talente des Papageis waren. Sein Plappermaul brachte Freude und Lachen in das Leben der

Menschen, und sein Herz war erfüllt von der Liebe und dem Stolz seiner Freunde.

Pablo, the Parrot with the Very Special Chatter

In a small, colorful village called Chatterville, there lived an extraordinary parrot named Pablo. Pablo was not only famous for his vibrant feathers and cheerful chatter but also for his amazing ability to talk in almost every language that existed. He spoke English, French, Spanish, and even a secret parrot language that only the smartest birds could understand.

Pablo lived in a charming little birdcage perched on the roof of Mrs. Müller's house. Mrs. Müller was a kind old lady who drank her morning tea while listening to Pablo's happy chatter. "Good morning, Pablo! How are you today?" she often asked. And Pablo, who loved this question, always responded with a cheerful "Bonjour! Comment ça va?" while waving his wings amusingly.

One day, as the sun shone particularly brightly over Chatterville and the flowers bloomed in every color, Pablo heard a strange noise from the garden. It sounded like the crunching of footsteps and the occasional splashing of water. Curious as ever, Pablo began to tilt his head and called out, "Cock-a-doodle-doo, what's that?"

When Mrs. Müller went into the garden to investigate, she discovered a large, colorful tent set up right in the middle of her yard. The tent was so vibrant that it looked like a giant rainbow.

On the tent, in big letters, was the sign: "World Animal Talent Competition."

"Oh, how exciting!" Mrs. Müller exclaimed. "This sounds like a lot of fun!"

Pablo, who was naturally observing everything, chattered excitedly, "What's there to win? What's there to win?"

Mrs. Müller smiled and explained, "It looks like there's a competition where different animals can showcase their talents. Maybe there's a prize for the most talented bird!"

Pablo was instantly thrilled. "A competition! A competition! I must participate!" he chattered joyfully. "I'm going to win the grand prize!"

Mrs. Müller laughed and patted Pablo affectionately. "Well, Pablo, I'm sure you have great chances. Your language skills are impressive!"

As the competition began, the tent was filled with animals from around the world showing off their impressive talents. There was an elephant painting beautiful artworks with his trunk, a kangaroo performing breathtaking juggling acts, and even a lion roaring so loudly that the tent shook.

When it was Pablo's turn, he fluttered excitedly to the stage and took his place. "Ladies and gentlemen, presenting Pablo, the parrot with the very special chatter!" announced the host.

Pablo began his performance. He spoke in different languages, told jokes, and even chatted with the audience. The spectators were delighted by Pablo's incredible language skills and charming chatter. But when he started speaking in the parrot language, which only the cleverest birds could understand, the audience was utterly captivated.

Suddenly, Pablo began to tell a magical story that enchanted everyone present. The story was about a brave parrot who saved his friends in a dangerous adventure. Pablo told the story so vividly that the audience felt the excitement and adventure as if they were living it.

When Pablo finished his story, the audience erupted into enthusiastic applause. The jury, consisting of various animals, was also impressed and unanimously decided that Pablo should win the grand prize.

"And the award for the most extraordinary talent goes to... Pablo, the parrot with the very special chatter!" announced the host, and the tent exploded with cheers.

Pablo fluttered with joy and accepted the grand trophy. "Thank you! Thank you!" he chattered excitedly. "I won!"

Mrs. Müller was very proud of Pablo. "You did an amazing job, Pablo. I knew you would succeed!"

As Pablo and Mrs. Müller went home, they were warmly greeted by the other villagers. Everyone was thrilled with Pablo's impressive performance and his great win. Pablo was celebrated in Chatterville as the most talented parrot and received many loving congratulations.

From that day on, Pablo's chatter became even more famous, and he continued to use his impressive language skills for good causes. He held small concerts for the village children, told stories, and entertained everyone with his fascinating languages.

One day, a new circus came to town, and Pablo was invited to perform in the show. He took the stage before a large audience and showcased his remarkable talent once again. The people of Chatterville were proud of their famous parrot and sent him warm greetings.

Although Pablo was now a famous parrot, he remained the same cheerful and curious bird who filled his days with joyful chatter and exciting stories. The people of Chatterville continued to love him for his unique personality and incredible language skills.

And so, Pablo lived happily and contentedly, surrounded by friends and admiring people who were always amazed by the special talents of the parrot. His chatter brought joy and laughter to people's lives, and his heart was full of the love and pride of his friends.